AF398897

ЮЛИЙ ГУГОЛЕВ
ОТ ГУЛЬБИЩ ДО КАПИЩ

СТИХИ

5 Александр Францев
Избранное особого рода

9 **СТИХИ РАЗНЫХ ЛЕТ**

49 **СТИХИ 2022–23 ГГ**

119 Алфавитный указатель
стихотворений

ПЯТАЯ ВОЛНА (THE FIFTH WAVE)

Uitgeverij Van Oorschot, The 5th Wave
Herengracht 613
1017 CE Amsterdam

www.5wave-ru.com
email: maxim.osipov@5wave-ru.com

Главный редактор	**Максим Осипов**
Международный редакционный совет	**Отто Буле**, Нидерланды
	Сергей Гандлевский, Грузия
	Юлий Гуголев, Россия
	Борис Дралюк, США
	Мишель Крилаарс, Нидерланды
	Керстин Хольм, Германия
	Роберт Чандлер, Великобритания
Оформление	**Андрей Бондаренко**
Электронная версия	**Владимир Харитонов**
Спонсоры издания	**Фонд поддержки культуры им. принца Бернарда**
	Ханс-Бото Портациус и Ян Мойто

het Prins Bernhard
Cultuurfonds

В работе Фонда поддержки культуры им. принца Бернарда участвует более 450 других фондов. Помощь данному проекту стала возможна благодаря Фонду поддержки приглашенных писателей им. Людо Питерса.

ISBN 978-3-910741-28-7

Цена: печатная версия €15, электронная версия €7,50

Александр Францев
Избранное особого рода

Новую книгу Юлия Гуголева "От гульбищ до капищ" можно назвать избранным, но это избранное особого рода. Первое же стихотворение "Целый год солдат не видал родни" из давнего сборника "Командировочные предписания" задает настроение всей книге, и настроение это не из веселых. Поводов для веселья нет, и "прежний", "довоенный", герой Гуголева, экзистенциальный весельчак, зубоскал и чревоугодник, как будто остался в предыдущей жизни. Очевидно, что при иных обстоятельствах мы имели бы сейчас совершенно другое избранное поэта, но обстоятельства изменились необратимо, и сегодня читатель держит в руках именно эту книгу.

Здесь нет таких известных, и ставших знаковыми, стихотворений, как "Не дверцу шкафчика, но в целом Сандуны", "Приезжаешь в Вологду ранним утром" и др. Все эти стихи, как будто, были написаны другим человеком. Создается впечатление, что после 24 февраля у Гуголева просто язык не поворачивается говорить о чем-то другом. Из прежних стихотворений автор включил в книгу только стихи сопоставимые по уровню горечи с нынешними — например, о пожаре в торговом центре "Зимняя вишня".

Представляешь себе этот зальчик?
Что поверхность экрана, — чиста?
Кто мы, девочка или мальчик?
И какие у нас места?

<...>

Кто кого на подошвах вынес,
у кого скрипит на зубах
та "неблагоприятная примесь",
распылённая в облаках,

оседающая на коже
тех, кто против, и тех, кто за…
Посмотри же, Господи Боже,
что-то мне попало в глаза…

"Что-то", попавшее в глаза, радикально меняет оптику смотрящего (пишущего), и соринку эту уже не вынуть. Сегодняшний Гуголев как будто отказывает себе в праве на прежнее, привычное существование и сознательно берет на себя вину за происходящее:

Вроде стиранное… Непонятно…
И неважно — платок, носок…
Но откуда бурые пятна?
Вероятно, фруктовый сок…

Я ж замачивал всё в холодной.
Вероятно, не та вода.
Порошок, должно быть, негодный.
Маркировка ткани не та.

Эти пятна глядят, как очи.
Не пятно уже, а клеймо.
Пролежало в воде полночи,
думал, утром сойдет само.

Не сошло, как ни тер, не слезло,
и ползет по моей руке.
И соленый привкус железа
в небе, в воздухе, на языке.

При чтении прежних стихов Гуголева возникало ощущение, что они могли быть написаны каким-нибудь условным Джоном Фальстафом, если бы тот обладал литературным дарованием и писал стихи по-русски. Правда, и Фальстаф этот был весьма специфический, с довольно зловещей веселостью, метафизическими обиняками, и вообще временами больше походил на

Свидригайлова. Экзистенциальный сквозняк под шумок застолья просачивался в жилое помещение; иногда хотелось поплотнее прикрыть окно, сберечь остатки человеческого тепла. Теперь сберегать как будто стало нечего:

> Ну так что тебе, новый букварь?
> Мама с тряпкой маячит в окне.
> Отчего это каждая тварь
> так скукоживается в огне?
>
> <…>
>
> Потому что ты знаешь в душе,
> отчего так красна эта нить.
> Эти стекла не вставить уже,
> эти рамы уже не отмыть.

В предыдущих книгах Гуголева можно было различить не только голос автора, но и голос его приятеля, собутыльника — голос "другого". Собственно, одна из его книг так и называлась "Мы — другой". Теперь ситуация иная. Дружеское застолье "под метафизические враки" закончилось, гости разошлись, автор остается один и в отсутствие "другого" говорит с самим собой. Вернее, за себя самого:

> Лучшее, что мы сейчас предложим,
> чтобы каждый разбирался сам:
> мусор — ветру, шарканье — прохожим,
> крошки — птицам, лавочки — бомжам.

01.08.2023

СТИХИ РАЗНЫХ ЛЕТ

∎   ∎   ∎

Целый год солдат не видал родни.
Целый год письма не писал из Чечни.
Почему? Недолюбливал писем.
А придя домой, он приветствовал мать.
Поприветствовав мать, принялся выпивать.
Алкогольно он был зависим.

А и пил солдат десять дней подряд,
В одиночку пил, и друзьям был рад,
а потом обнаружил вдруг как-то,
что за эти дни выпили они
(битых не считал, — целые одни)
всё, что нажил он по контракту.

Был ещё солдат кой-чему не рад,
но не мог он не обратить свой взгляд
на особый род обстоятельств
да на ряд причин, в силу каковых
не пришёл к нему средь друзей иных
закадычный его друг-приятель.

Начал тут солдат на друга роптать,
поминать его в бога-душу-мать,
и козлом звать, и пидором гнойным.
А ему в ответ говорят друзья:
"О покойном так на Руси нельзя.
Ну, зачем же так о покойном?

Друг-приятель твой, закадычный друг
нынче ровно год, как лишился рук,
наш товарищ, твой лучший друг детства, —
ни поднять стакан, ни швырнуть сапог,
в общем, ничего он теперь не мог,
ни поссать без мук, ни одеться…

И, не зная, как ему дальше жить, —
и ведь рук не мог толком наложить, —
он, с досады в уме повредившись,

раз пошёл тудой, где река течёт,
лёд разбил ногой и ушёл под лёд,
ни с тобой, и ни с кем не простившись”.

Встал солдат в слезах и сказал в ответ:
“Не забудем мы дружбы прежних лет,
ни забав молодецких, ни игр.
Ты, товарищ мой, не попомни зла,
это я в сердцах ляпнул про козла,
не козёл ты и вовсе не пидор”.

А ему друзья говорят в ответ:
“Посмотри, ещё скольких с нами нет,
почитай, человек девятнадцать,
кто пропал в лесу, кто повис в петле,
кто навек заснул на сырой земле, —
да уж скоро не будет и нас тут”.

Тут созвал солдат мать, друзей, родню:
“Снова еду я воевать Чечню,
не ругайся, маманя, пойми же,
я за десять дней понаделал трат,
так что впору вновь заключать контракт,
да и смертность там вроде как ниже”.

И пошёл солдат прямо на Кавказ.
Он там видел смерть, как видал он вас.
А вот где и когда, если честно,
суждено ему завершить войну,
знает только тот, кто идёт по дну.
Ну а нам про то не известно.

■ ■ ■

Когда в день Страшного суда,
помимо всего прочего,
они нас приведут сюда
с соизволенья Отчего,

мы все почувствуем сильней,
что небо кажется синей
в пустых глазницах окон.
Мы все воскликнем: Оба-на!
А кем тут всё раскопано?
И кто тут кем закопан?

Любому — ангел-археолог
ответит: Сам подумай, олух, —
в грустных и весёлых
городах и сёлах.

■   ■   ■

1.

Можно ехать, замышляя
вновь из этих мест побег,
Эльбрус смутно узнавая
(Эльбрус — там, а тут — Казбек),

можно выдумать до кучи,
песнь черкеса ль, казака,
чтобы пелось в ней про тучи,
грозовые облака,

про — "какой закат багровый",
про — "какой расклад херовый",
я не пробовал пока,
если хочешь, сам попробуй

спеть о местных наворотах:
кто забрал? кого берут?
чьё же там лицо под маской?

И про надпись на воротах
белой краской: "Здесь живут
люди", просто — "здесь живут".

Чисто — надпись, белой краской.

2.

За деревьями-кустами,
за машиной или из, —
после нашего проезда
через двадцать, что ль, минут, —

как отметить это место —
песней-танцем? птицей-танком? —

чтоб запомнились с тех пор мне:
сорок семь чуть тёплых гильз,
и кто в форме,
кто в гражданском, —
с помутневшими зрачками,

да, вот здесь, да-да, вот тут, —
чё вы сразу напряглись?
Мож’т, кого другого ждут…

Может, ищут встречи с нами…

■　■　■

Фанайловой

Объявленье для ссученных:
по прошествии тучных,
до конца не изученных —
всё, что будет, — неточно:

то ли шутки их площе,
то ли нравы их проще,
просто — так напророчено,
так чего же соваться нарочно.

Просто переходи осторожно,
не волнуйся, пока —
будет несколько тощих,
повторяя точь-в-точь их,
всё в пределах ГК.

Затянув поясок, ой,
потянем мысок, ой,
до самых до пидорских веток —

до высокой до звёздки,
гашёной извёстки
да промёрзших еловых креветок
из числа иностранных разведок.

Постаревшие бляди
говорят об оплате,
к ремеслу приучив малолеток.
Ой, пока не померкло,
занавесить что ль зеркало,
покурить напоследок…

Кто пахал, кто бухал,
кто — стакан, кто — бокал,
но одна всем улыбка шакалья,
а кто им не чета,
тем провоет Чита,
как по диким степям Забайкалья…

СИМВОЛ ВЕРЫ

*Услыхал еврей про три желания, и говорит
золотой рыбке:
— Я хочу роллс-ройс, дом во Флориде, пять
миллионов евро и молодую, красивую,
покладистую жену с хорошей фигурой, — это раз.*

Из анекдота

Это знаете, как бывает:
мрак ночной вас в гостях застиг,
разговор затихает, и стих,
но решимости всё ж не хватает,
чтоб убраться в ночную мглу,
и хозяйка, зевок глотая,
снова чайник несёт к столу.

— Мне пора, дорогие друзья.
— Да мы все щас пойдём! А чаю?
Мне не думать об этом нельзя,
я с трудом за себя отвечаю:
чаю? — я! воскресения мертвых? —
тоже я! — и как с рыбкой еврей
торговавшийся, — это во-первых, —
добавляю у самых дверей.

Книжки спят, знать пора и нам,
с нами всё ж веселей семенам
в перегное орковых грядок.
Говоришь, не постельный режим?
Ну, а чё такой беспорядок?
А чего мы тогда лежим,
точно письма в пустых конвертах?

Кто надписывал имена?
Ну, чего мы лежим, зевая?!
Ждём ль чего?
Воскресения мертвых,
видишь, очередь тут одна,
но ещё не вполне живая.

■ ■ ■

Не привык и не отвык,
что таджик с пяти утра, —
я-то знаю, что таджик,
я же чую, чья рука, —
то скребком, а то лопатой
тюк да тюк, всё вжик да вжик
возле самого одра,
по касательной пока
да с улыбкой страшноватой.

■ ■ ■

Божия коровка,
чья на тебе кровка?

И того, и этого,
до костей раздетого,
ужасом объятого…

Я — того… нет, я — того,
чёрного и белого,
заживо горелого,
угольками бьющего,
немо вопиющего:

“улети на небо”,
чающего слепо
утоленья жажды.

Чья же ты? Ну, чья ж ты?

■ ■ ■

Чем дольше живу я в России,
чем больше работаю с ней,
тем чую острее в разы я
и многое вижу ясней.

Чем дольше сижу я на Яме,
чем дольше читаю "Life News",
спокойнее тем и упрямей,
я сдержанней, блин, становлюсь.

С улыбкой спокойной и жуткой,
какая под стать мсье Верду,
"Омич изнасиловал утку"
я без содроганья прочту.

(Я не шелохнусь и подавно,
не всхлипну ни разу, узнав,
что в Дании, этой Гуантанамо,
растерзан безвинный жираф.

Едва ли мой пульс участится
в пандан кровожадной молве,
когда плоть жирафа, — частица
одна, — воссияет во льве,

очнется во льве, как во гробе,
чего-то там чем-то поправ…
Послушай, далёко, во львиной утробе
обглоданный бродит жираф…)

Глазами, видавшими виды,
видавшими Вия в 3D,
кошмары Прямого эфира
смотрю, как буддист — варьете,

где, желчи моей не тревожа,
пусты, как словесный портрет,
такие сгущаются рожи,
которым и имени нет.

Мудями трясут, сикелями,
массируют жвала свои.
Слова их текут киселями,
а в горле сипят соловьи.

Одетые в латекс и ботокс,
скрывая слюну и хитин,
транслируют радость и бодрость,
но я, сука, невозмутим.

Какое мне, в сущности, дело
до всех Будапештов и Праг.
Дано, повторюсь, мне лишь тело,
которым заведует страх;

которое все уверяют:
пространство, как хочешь, крои! —
ведь все эти хаты, что с краю,
они же от веку — твои.

Так здравствуйте, сёстры и братья,
одной уж ступнувши ногой…
Земля размыкает объятья,
суля вам приют и покой.

Должно быть, не знали, ребят, вы…
Вы ж просто не знали, ребят,
какие же клейкие клятвы
нам всем ещё здесь предстоят.

В какие весёлые игры
предложит сыграть нам братва.
Не просто в обычного тигра,
а сразу в "жирафа и льва".

Мы ж сами расчистили путь им,
не скажем теперь "А мы чо?".
Мы все обязательно будем! —
кто — уткой, а кто — омичом.

Не важно, чи девка, чи парень,
но в логике Судного дня

я, тля, буду всем благодарен
за всё, чем кормили меня:

кто — стоном подземным, кто — эхом,
на память, наощупь живя, —
нутром земляного ореха,
путём дождевого червя.

Неважно, кто канет, кто сгинет,
каких средь слоёв и пород,
но мужество нас не покинет
(в том случае, если придёт),

в том случае, коль всё пожрётся
всё той же утробой земной,
последнее, что остается:
пусть что-то пожрётся и мной!

Мы — те же, ни лучше ни хуже.
Кровавые сопли утри.
Пока она жрёт нас снаружи,
Мы гложем её изнутри.

Не факт, что не сдамся без бою,
поскольку её до хрена.
Но я остаюсь собою,
родная моя сторона.

■ ■ ■

Идя вглубь метрополитена,
всяк хочет, "7" чтоб была цифра,
и, глядь, уж в недра полетело
какой-то, блядь, подобье цирка.

Какая-то, память освежим,
"заправленная салом каша":
она и мёртвым, и сухим,
она живым и мокрым — наша.

Физических стеченье лиц,
лахудры, пентюхи, жлобины,
глаза в затылок катят вниз
сплошной волной гемоглобина.

Поползновения орда,
подошвой мыслящий лишайник
то сохнет пеною у рта,
то хлещет, как из фильма "Shining".

Утробное свеченье лиц,
след несмываемого ГОСТа…
Уверен, что ещё б нашлись
черты разительного сходства,

чтоб все узнали: в том строю
есть промежуток, и не малый…
Но сам-то где я с'час стою
купцом, продавцом и менялой?

9/11

Лёля считает, что Алик во всём виноват.
Лёля, не надо ля-ля, — возразит молабай.
Алик, конечно, отчасти… м-м… чудаковат.
Что он заладил свое "Ли Мубай, Ли Мубай…"?

Так всё нормально, встретил меня в JFK,
город не видели, сразу — давай, наливай.
С виду ответственный, бритоголовый еврей,
а всё туда же, — опять говорит: "Ли Мубай…"

Ну, "Ли Мубай"… Я больше скажу: "Тай лай лэ"!
Что тут неясного, а? Ли Мубай — Чоу Юньфат.
Что же теперь, чтоб во всем виноват был Алик?
Так, знаешь, выйдет, каждый, блядь, Лёль, виноват!

Это потом всё будет дымиться и тлеть.
Ну а пока мы у зданья "Павония/Ньюпорт".
Алик на камеру мог бы такую хуйню под
Карла Брюллова с лёгкостью запечатлеть:

силы небесные хлынуть готовы из тьмы,
небо над нами склоняется, как над макетом,
молний разрывы так озаряют Манхэттен,
чтоб подсознательно были готовы и мы:

что уже завтра по небу летит самолет,
кто-то сидит в нем, но явно, что не Солженицын,
что-то орет и стремится с небес уже вниз он;
Лёля — на кухне, и тоже чего-то орет.

Значит, по ходу, нам ломится город Зеро.
Завтрак а la Граунд Зиро не состоится.
Кто же крадется там? Кто же такой там таится?
Кто привыкает к внимательным взглядам в метро?

Кто, оказавшись в районе 15-й стрит,
видит, как воду и кексы бросают в пожарных?
Кто растворился б в морях этих слёз благодарных,
да вот тот берег далёк, да и кейс тот закрыт…

Кто уже видит повсюду лишь пепла налёт,
даже в глазах, где ещё ни стыда, ни азарта;
и что всё это не с кем-то там произойдёт,
а, сука, с каждым! сегодня! — ну, бог с вами… завтра…

Как на экране, когда расползется вдруг он,
сумрак искрящийся дымчатым светом распорот:
Лёля ругается, Алик кривляется, тигр крадётся, таится дракон…
Что "Ли Мубай"? Ли Мубай возвращается в город,

где этот вечер, гроза, этот вид из окна —
только фрагменты, которых не вырезать в фильме.
Все эти годы ты смотришь глазами сухими,
слышишь, как Лёля кому-то кричит, что "война, блядь! война!".

■   ■   ■

Седобородый, статный человек
с'час скажет о войне, не о победе.
Вот он взглянул из-под набрякших век
и начал о беде, еде и деде,
что дед, как настоящий фронтовик,
который был там, и со смертью дрался,
рассказывать не то чтоб не привык,
а, в принципе, вообще не собирался.

"Однажды обратился он ко мне:
— Ну, ладно, раз ты въедливый донельзя,
я расскажу о том, как на войне
один солдат… гхм-кхм… мозгов наелся.

Зима тогда ужасная была.
С тех пор такой и не упомню стужи,
и всех убитых мёрзлые тела
на бруствере выкладывались тут же.
Туда же, средь промёрзших рук и ног,
из коих был составлен этот бруствер,
пристроить можно было котелок,
солдатскую обеденную утварь.
И каждый, — что солдат, что офицер, —
из котелка хлебать мог суп свой или
из крышки мог есть кашу, например,
ну, то, что там в бачках им подносили…"

Вот кто-то полумёртв, нет, полужив,
в траншее сев, глотает объеденье.
А кто-то, хлеб на бруствер положив,
жуёт, не прекращая наблюденье.
(И я не помню дней, не помню дат.)
Он, помолчав, рассказ продолжил устный:
"…так вот, я говорю, один солдат
заметил вдруг, что хлеб какой-то… вкусный!"

Дырявый воздух пулями прошит.
Сливаются в одно убитых лица.

Но что это на хлебушке дрожит,
отсвечивает, как бы шевелится?
Он этот хлеб сперва держал в руке,
потом его он рядом клал с собою,
пока искал чего-то в котелке,
потом куснул… Да что ж это такое!
Другого вкуса хлеб в его руке.
Такого хлеба сроду не вкушал.
Вот это хлеб! Совсем другое дело!
А хлеб лежал в разбитом черепке.
А хлеб в разбитом черепе лежал.
А в это время солнышко пригрело.

....

Кружится память. Вместе с ней кружись.
Вернись к тому солдатскому обеду,
ведь, в сущности, история про жизнь,
хотя, возможно, и не про победу.
Никто не знает, вспомнит кто о ком.
Кто что услышит в этом смертном гаме.
А нам, конечно, жить своим умом.
А нам своими шевелить мозгами.

■　　■　　■

То они у Курского кучкуются,
то у Китай-города стоят,
то вдруг одесную, то ошуйцу
как-то слишком пристально глядят.

Шапочки, такие, на затылке,
личики в тон сизого дымка,
геотэг — не то чтоб прям’ “Бутырки”,
но — категорически “за МКАД”.

То у них вдруг сбор на трёх вокзалах,
то у них в автобусах биток.
И хоть они едут все на запад,
всё равно приедут на восток.

Всё-то у них сумки да пакеты
или рюкзаки да вещмешки.
Я у них спросить боюсь про это:
Что же вы везёте, мужики?

Вот они стоят себе и курят.
Что везут — читается в глазах.
Ох, они ещё набедокурят,
если кто воротится назад.

А в пакетах и спортивных сумках
или в рюкзаках и в вещмешках
ну ничего такого, чтобы в нас, придурках,
навсегда застыл бы этот страх.

ТЦ "ЗИМНЯЯ ВИШНЯ"

КЕМЕРОВО, 25 МАРТА 2018 ГОДА

Представляешь себе этот зальчик?
Что поверхность экрана,— чиста?
Кто мы, девочка или мальчик?
И какие у нас места?

Ну, давай мы придём попозже,
там ведь есть и другой сеанс.
Как потом все, господи боже,
будут странно смотреть на нас.

Мы пропустим, что было в начале,
нам расскажут, чем стали потом
те, оставшиеся в этом зале,
прикипая к плечу плечом.

Кто кого на подошвах вынес,
у кого скрипит на зубах
та "неблагоприятная примесь",
распылённая в облаках,

оседающая на коже
тех, кто против, и тех, кто за…
Посмотри же, Господи Боже,
что-то мне попало в глаза.

Те, кто дымом в чужую одежду,
станут облаком — это враньё.
Что ж ты так извазюкался? Где ж ты
так изгваздался, горе моё?

За собой не зная вины, я
с глаз смахну, оботру с лица
эти красные, кровяные,
неопознанные тельца.

КОМУ ВОЙНА

— Он вселяет в меня уверенность в завтрашнем дне.
— А зачем тебе завтрашнее дно?

Из анекдота

Встаёт страна огромная.
И каждый смертный boy,
ещё не тварь погромная,
пацан ещё живой

пока ещё надеется,
покуда не погас,
что смертью не наденется
его противогаз,

пока ещё пытается,
покуда не померк,
надежда им питается,
что пузырьком наверх,

как в детстве, в переносицу
стреляет лимонад,
и вот уж он уносится,
летит вдоль да по-над

Европой ли, Сибирью ли,
курганов или ям,
его несут валькирии
к товарищам-друзьям.

Знать, скоро он окажется
за дружеским столом.
Сидит, как ему кажется,
между Добром и Злом,

а перед ним закусочка,
а перед ним вино,
но как-то всё искусственно,
и как-то всё равно

не пьётся и не верится,
что это навсегда.
Сидит напротив девица
и молча так: — Ну, да…

Сидит, как против солнышка.
Слепят её глаза.
Сверкает в каждом стёклышко.
Но чуть заглянешь за —

там льётся кровь томатная,
укропная вода,
и тишина там ватная,
и молча так: — Ну, да, —

утроба ненасытная
до завтрашнего дна,
ой, рідная, гибридная,
ой, мати, мать родна.

■ ■ ■

Без собаки не получится.
А. Цветков

Не пропойцей, не бродягой
в приснопамятном году
человек гулял с собакой
в Александровском саду.

Вроде, ясно всё, однако
столь гибридны год и век,
что собака — не собака,
человек — не человек.

Навыков прямохожденья
недостаточно одних,
если обликом и тенью
отличаешься от них,

тех, кто в зарослях окрестных
сходу незаметен вам,
и военные оркестры
им пройдут по головам.

Эх, собака дорогая,
где гуляли мы вдвоём,
здесь от края и до края
человеческий объём.

Облака летят, как ветошь,
небеса стоят стеной.
А в окне, ты не поверишь,
президент страны родной.

Не убийца, не разбойник,
в камуфляж не разодет,
опершись о подоконник,
сукой буду, президент!

Он, склоняясь к подоконнику,
глядит себе вперёд,

может, курит потихоньку,
может, просто вниз плюёт.

Он стоит в трусах и в майке,
как обычный гражданин,
неизвестных мыслей стайки
вьются, носятся над ним:

цифры, шифры, сроки, сверки
в ожидании конца
все снуют, как водомерки
над поверхностью лица.

Рядом с ним другие лица,
друг — не друг, и враг — не враг.
Солнце за море садится,
сад окутывает мрак.

Вот бы были б там во мраке
не видны из-под воды
человека и собаки
параллельные следы.

■ ■ ■

Нет такого предмета, который
не подошёл бы еврею для фамилии.
А. П. Чехов. Из записных книжек

Свидетелями — Глухов мне и Льгов.
Не знаю, кто там хвоен, кто ольхов.
Каких только фамилий не бывает!
Так ткнёшь, к примеру, пальцем в потолок,
придумаешь "Альбина Альпеншток",
а кто-нибудь сидит уже, икает.

Есть надписи на некоторых могилах,
читаешь, но поверить им не в силах,
как на табличках некоторых квартир.
Вы думали, что это смерти спальня,
но чёрным бархатом обита готовальня,
в которой Ластик, Циркуль, Транспортир.

Малаховка. Как эти встречи кратки.
Пусть не соприкасаются оградки,
но в мыслимом пути день ото дня
вдруг замираешь посреди дороги,
то Веприк тебе кинется под ноги,
то Саламандра прыгнет из огня.

"Перемываем кости стариков, —
перловцев, салтыковцев, востряков".
Есть разные услуги в этой сфере.
И чем стоять, склонившись, как гоплит,
ты лучше подойди к одной из плит, —
к той, что лежала раньше в нашем сквере.

Лежит плита. Есть буквы на плите.
Какие буквы? Ну, совсем не те,
что папа называл мне на латыни.
Ни бе ни ме, ни ку, ни дубль вэ,
они видны в листве, в снегу, в траве.
Плиты уж нет, но буквы там доныне.

То место, где мы над плитой стоим, —
для нас не ставший домом чей-то дым,
попавший в бульбулятор каждой лужи.
Да ты не бойся, просто загляни,
мы — не одни, точней — не мы одни.
Закрой глаза, вдохни его поглубже.

Дышу, дышу, но помню только "ламед".
Естественно, с таким-то делами
что скажешь, если выстроен твой дом,
и детский сад, и кинотеатр "Киев",
и все они стоят себе такие
на кладбище еврейском и чумном?

И как тебе отныне спится? Сладко?
Когда ты знаешь, что твоя кроватка
и та кровать, в которой ты зачат,
скрипя, словно обозы да составы,
плывут от Дорогомиловской заставы,
а из земли те буковки торчат.

Так вот твоя награда, медалист:
последний лист летит на Middle East.
А кто-нибудь глядит из-за Можая
и думает, что ты припал к корням,
а это черви делают ням-ням,
вершки и корешки перемежая.

Что ни спроси, любой ответ убийствен.
Как носишь ты меня, земля убоин,
гробов отеческих кочующих основ?
И вот плывешь себе средь тёмных истин,
не зная, кто там хвоен,
кто там листвен,
кто вербен, кто осинов, кто соснов.

■   ■   ■

Вам какая нужна интонация?
Вам какие оттенки нужны?
Кто здесь нация?! Сами вы — нация!
Под собою не чуя штаны,

ничего, кроме страха, не чуя,
кроме ревности вместо любви,
боль взыскуемого почечуя
предвкушай, культивируй, лови!

Стань кошмаром японца-эстонца.
Прозревай всюду берег родной.
Погляди, как вчерашнее солнце
обернётся кровавой луной.

На маршруте от гульбищ до капищ,
поминая то бога, то мать,
каждый столько успел нафакапить,
что уж сиси-то нечего мять.

Город, жги! Наливайся, деревня!
Кто б так спину, как горло, тут рвал.
Ты права, Александра Сергевна,
это, кажется, полный провал.

Расскажи нам, Арин Родионыч,
в темноте навалившись на грудь,
как придет Субмарин Передоныч
и объявит, что время тонуть.

Если "яма" для них "Фудзияма",
то и ненависть нам, как любовь.
Не мертвы неимущие срама.
Легион к погруженью готовь.

А заглянет чуть кто в эту бездну,
сам откроет обратный отсчёт,
где всё тот же солдат неизвестный
молодых пополнения ждёт.

■　■　■

я и тогда не смог и теперь не готов
за все эти годы не приблудилось слов
чтоб описать тот гомон смех и объятья
красное чьё-то лёля твоё ли платье
сполохи молний в окне силуэт близнецов
всё уже сказано
только в конце-то концов
вспомню не день
когда ужас стал былью на белом
вспомню не город
раздавленный пылью и пеплом
вспомню не мир поражённый
костью сожжённой разъятый на части
а накануне
дурацкое счастье
смех и объятья
красное платье

ЧОКНУТАЯ В М6

Они нарочно бьют мне по нервам,
убивают, сводят с ума.
Водитель пытает кондиционером.
Не имеет права! Сейчас зима!
Родители лжи, и взросли на ней же,
они, создатели планов преступных,
а я — честнейшая из честнейших,
всю жизнь умнейшая я из умных.
Я пешком сюда шла из Битцы,
даже карты нет социальной,
вы же знали, они — убийцы,
а всё ж вы слушали их специально.
От имени всех не перенесших,
всем, кто печётся о чести мундиров,
я — честнейшая из честнейших
и правдивейшая из правдивых,
слушайте, вам говорю, говорят вам,
я говорю, что вы им говорите
то, чему верят они, как клятвам.
Вас приговариваю, горите!
За то, что в М-8 воздух не греется,
за то, что рассыпана адская соль,
за самого слабого росгвардейца,
испытавшего сильную боль,
вас вашей лжи покроет короста.
Пусть и в земле не дадут вам места
запавшие языки норд-оста,
пропавшие мужики зюйд-веста.
Чёрной зимы подсыхает лужица.
Тянется серый дым к небесам.
Сколько на свете кромешного ужаса,
каждый решает сам.

ПРОСИТЬ СКАЗАТЬ

Пробовать не стану. Сами пробуйте.
Смысла нет просить сказать по совести,
что же вы такое там готовите?
Вся стена у вас темна от копоти,
а вы говорите, дело в соусе.

Главное, поглядывает птенчиком,
как еврей-портной, довольный френчиком,
нравом шва и привкусом сукна,
над Таганкой полыхает зарево,
знай себе, помешивает венчиком,
и уже припахивает варево,
поплыли́ туманы из окна,

вой сирен и рёв мотоциклеток,
грохот из машины — во все стороны.
Заключённых, психов, малолеток
мы в расчёт пока что не берём.
Голоса намечены и собраны.
Голуби совиным криком согнаны.
Центры крови. Банки яйцеклеток.
Донорские выборные органы.
Пушечное мясо с имбирём.

Добрый день, страна!
Чо так пасмурно?
Небо застлано.
Рожа заспана.

Хочешь, на спор? На!
Чо, так муторно?
Во рту паспортно.
Это ж утро, н-на!

Добрый день, Москва!
Чо грустим опять?!
Ну-ка, встать, раз-два,
три-четыре, мать!

Ты смотрел "Брат-2"?
В чём там сила, брат?
Выходи, братва,
принимай парад!

Покажи всю мощь
да весь свет мощей,
рек, полей и рощ,
плаунов, хвощей.

Этим смертным щам
поднеси-налей,
ты ж им обещал
не такой елей.

Принимай парад.
Становись стеной.
Так за рядом ряд,
так за роем рой,

так за слоем слой,
бредя, кто о чем,
стать золе — золой,
лечь к плечу плечом.

■　■　■

сижу на жопе ровно я
гляжу на место лобное
и вижу как во сне
среди долины ровныя
родное теплокровное
всё предано возне
считает свои кровные
хомячит свои сдобные
я тоже там сную
сную ох ни хера себе
как михаил герасимов
себя я узнаю
вот шрам дуга надбровная
а вот плита надгробная
не видно что к чему
леплю из праха горсточки
по струночке по косточке
по слову твоему
союзы сокращения
предлоги превращения
условные срока
огонь небесной заводи
сгущается на западе
горит москва-река

■ ■ ■

Я этого больше не вынесу:
"Не пла́чу и не плачу́…
Субсидии малому бизнесу…
Мобильная запись к врачу…"

Сезонные скидки на обморок.
Кредитные карты на страх.
У волка тамбовского окорок
тамбовского волка в зубах.

Слова гипнотически сочные.
Устойчивый вкус ваших льгот.
И времени тесто песочное
не воду на голову льёт.

Ах, господи боже мой, здрасьте!
Меняем основы основ:
даёшь индексацию счастья
за монетизацию снов!

А чтоб довести до готовности
обугленной соли слои,
вы в спецпредложенья духовности
вносите поправки свои.

Никто ведь не спросит, зачем это
меняет такой человек
любви годовые проценты
на памяти предков кэшбек,

на все их надежды с отделкой,
а также желанья под ключ,
на холмик с вороной-сиделкой,
на камень, что бел и горюч.

■ ■ ■

Шеренги неприкосновенных,
неприкасаемых отряд —
не синевой, не медью в венах, —
железом, ржавчиной горят.

Судьба рогатым и клыкастым
ложиться в общую кровать,
чтоб принадлежность к прочим кастам
доказывать/опровергать?

Ну, неужели на смех курам,
решив на пирамиды влезть,
вы верили, что этот Cuprum
и вправду в ваших жилах есть?

Посмотрим, что вы запоёте,
когда не по такому дну
побеги новой вашей плоти
сначала — ниточку одну,

ну а потом — во все пределы,
во все пространства и углы,
и чтобы, вторя, вечность пела
одно неумолчное "ы",

чтоб, за каким неясно хером,
невнятным ропотом сирот
вернул бы миру ржавый Ferrum
отжатый вами кислород.

■ ■ ■

В каком-то смысле лучше в сорок два,
земную жизнь пройдя до Украины.
Бог весть, какие скажутся слова,
какие из них сложатся картины,

Поэта далеко заводит ЗОЖ
Отечества, доходит до смешного,
вдруг если сам себя переживёшь
и к лесу передом поворотишься снова,

покуда лязг в двери тебя не спас,
пока в волчке моргало вертухая,
в каком-то смысле лучше, чтоб сейчас —
геройская, ужасная, лихая, —

покуда тот, кто за тебя готов
на стогны, по этапу и в солдаты,
ещё не ведает твоих грядущих снов,
не чует неба крупные квадраты,

не видит, как выходишь ты вперёд,
не замечает, как ты держишь спинку…
Тогда-то с глаз и пелена спадёт,
и небеса покажутся с овчинку.

Не то чтоб я был самым смелым,
но страх меня ждал впереди.
Я мог стать и прахом, и мелом,
колючкой, застрявшей в груди,

плеща на ветру, как рубаха,
чей порванный ворот зашит,
я стал бы, как та черепаха,
как те, кто над нею стоит

каким-нибудь способом рачьим,
собой неуклюж и нелеп,
хотя и не вовсе незрячим,
но не преднамеренно слеп,

средь тех, кто, лихи и несчастны
в юдоли скорбей и невзгод,
лелеют какие-то шансы
на благополучный исход,

заранее чтоб убедиться,
поверив в случайный успех,
что всё, чем надеялись раньше гордиться,
придётся скрывать во гробех,

восставши из пепла и праха,
принявши неведомый вид,
не то чтоб не ведали страха,
но ужас ещё предстоит.

Вот тут бы и я пригодился,
почуяв, что дело — табак:
не то чтоб я чем-нибудь раньше гордился,
но стыдно мне было не так.

■   ■   ■

Калика перехожий,
обувь оставь в прихожей.
Здравствуй, коли зашёл.
Что уж стоять без толку,
в угол клади котомку,
с нами садись за стол.

Денег у нас мильоны.
Выпей, чего нальём мы,
выпей и закуси.
Надо, деньжат подбросим.
Ну же, милости просим.
Лишнего не проси.

Наших харчей отведай,
а между тем поведай,
как оно там вообще,
дай нам картину в целом,
как там на свете белом
рвётся душа вотще.

Правда ли, что за морем
тем же горюют горем,
той же горят бедой,
так же, как здесь, боятся
петь, говорить, смеяться?
Что ж ты стоишь? Не стой.

Сядь, хотя б для приличья.
Что ты там видел лично?
Дай наконец ответ.
Как там, в краю далёком,
свет над парящим оком,
есть ли он, этот свет?

Есть ли над оком голубь?
В небе видна ли прорубь?
Вся ли видна, до дна?

Пар ли над ней клубится?
Правда ли то, что птица
в тех клубах не видна?

В Новом ли свете, в Старом
люди уходят паром
в завтрашние облака?
Что-то ты слов не находишь…
Что так? Уже уходишь?
Ну, прощевай, пока.

СТИХИ 2022–23 ГГ

■ ■   ■

Что вы хмуритесь, братья-товарищи,
мы же вроде нормально сидим,
да и дым вроде не от пожарища,
мы ж докурим, допьём этот дым.

Что кручинитесь, сёстры-гражданочки?
Что глядите с тоской на ребят?
Не гружёны ещё ваши саночки,
страшной ношей ещё не гремят.

И не то чтобы нету аналога,
но как будто всё видишь впервой,
словно шторы задёрнуты наглухо,
все укрывшись лежат с головой.

Но как будто в окне где-то щёлочка,
сквозь неё и ползёт запашок.
Не буди нас, несчастная Золушка,
примеряй башмачок, сапожок…

Ты не чуешь, злосчастная Золушка,
над трубой прах и пепел летит.
В небесах ходит красное солнышко,
с пониманьем на это глядит:

"Дорогие коллеги-сограждане,
ваши мнения все учтены,
опасения ваши оправданы,
ожиданья вознаграждены".

Только глянет оно по-отечески,
так и хочется лечь тут костьми.
Если с нами по-человечески,
у любого, кого ни возьми,

сразу голос такой, как у Гарина,
да и взгляд сразу, как у Жеймо.
А душа так и эдак зашкварена,
и на лбу проступает клеймо.

06.02.2022

■   ■   ■

Мне поможет язык аллегорий,
как иным помогает даркон:
пусть всегда побеждает Егорий,
пусть прикинется дохлым дракон,

не сходились чтоб стенка на стенку,
но у Спасских ли, Троицких врат
чтоб, как брату, Максиму Шевченко
Александр Невзоров был рад.

Чтоб однажды и вправду, не ссорясь,
как награда всем чаяньям, чтоб,
словно агнец со львом, с Юнной Мориц
рядом лёг генерал Ивашов.

Чтоб без слов "не простим, не забудем"
отступило вселенское зло,
чтобы Утина обнял Уютин,
чтоб Уйло целовало Уйло.

Я вас спрашиваю не для смеха —
от бессилья и чувства вины:
вы хоть жопой-то чуете эхо
в самый раз подходящей войны?

Вы ж хотя бы в душе́ не хотите,
чтобы порохом воздух пропах?
чтобы, как этажи Москва-сити,
вырастали гробы на гробах?

Вы ж, наверно, хотите едва ли
на земного краю бытия
знать, что врёшь, мол, мы правда не знали,
это, Господи, правда не я.

07.02.2022

Алексею Петровичу Цветкову

Когда в свой срок придётся людям
под нашим фото ставить R.I.P.,
уйдём, но действовать мы будем
через медуз, планктон и рыб.

Сгодятся суслик и коала,
для нас сойдёт любой тотем,
но это будет лишь начало
до основанья, а затем.

Пока бомжом или прохожим
встревожена листва могил,
нишкнём, но действовать продолжим
не так, да и не там, где жил.

Не знаю — как, но знаю — чтобы,
когда окажемся мы там,
в борьбу мы вступим как микробы,
как вируса внезапный штамм.

Нас будут помнить экстравертом,
тем временем мы в каждый дом
придём с дыханием и ветром
воздушно-капельным путём,

чтоб каждым вздохом, каждым взглядом,
живой, повязанный с живым,
давал понять, что всё, мы рядом,
что мы уже пришли за ним.

В один из дней, когда по слухам
не станет каждого из нас,
тогда доверим дело мухам
присесть на неприкрытый глаз,

и хорошо, дабы напиться,
ничью последнюю слезу
она всосёт и отразится
в уже невидящем глазу.

09.02.2022

■ ■ ■

Не нужно твоих рецитаций.
Час пробил вставать с нами в строй,
на первый-второй рассчитаться,
кто первый, не знать, кто второй.

Не знать, кто своими руками,
не слышать чужую дуду,
оставить на камне не камень,
а только нужду да беду.

Не знать, кто сегодня, кто завтра.
Не ведать, кто пан, кто пропал,
какая кому ляжет карта,
кто ранен, а кто наповал.

Кто насмерть, а кто схоронится,
кто вякнет, кто ляжет на дно.
И нашей ползучей границы
растёт нефтяное пятно

до самой моей Украины
от Грузии самой моей, —
руины, руины, руины
да отсветы вечных огней,

не тех, что среди мавзолеев
и увековеченных дат,
а тех, что пока только тлеют
и ждут неизвестных солдат.

11.02.2022

∎   ∎   ∎

Пока Святого Валентина
любвеобильные полки
собою тычут превентивно
во все концы и уголки,

уткнись-ка в жабу ли, в козла хоть,
в родной, в чужой ли стороне,
пока грохочущая слякоть
дрожит на танковой броне,

покуда бредит урожаем
угрюмый жнец, взирая вновь
на то, как землю орошают
чернила чёрные, как кровь.

Ведь нам по ходу остаётся
о тех, кто в шар земной зарыт,
забыть, и пить, покуда пьётся,
"писать о феврале навзрыд".

14.02.2022

■ ■ ■

Давай условимся: пока
не говори мне про разлуку,
пока во сне моя рука
твою нашаривает руку

на неостывшей простыне,
пока, немотствуя о тлене,
слепые наплывают тени
по потолку и по стене,

как будто нам со всех сторон
ещё не слышен звон кандальный,
и свет такой, как бы вокзальный,
как будто тронулся вагон.

16.02.2022

Всё происходит одновреме́нно.
Всё одновре́менно. Прямо сейчас.
Неослепительных два джентльмена
на остановке пьют явно не квас,

хлеб, колбаса, то ли фрукт, то ли овощ,
вот к остановке подходит М6,
мимо проносится "скорая помощь",
в ней происходит какая-то жесть.

Мимо проходят чьи-то мамаши.
Мимо провозят деток чужих.
Кто же их знает — наши, не наши…
Ходит с лопатой весёлый таджик.

Ходят колоннами. Лягут рядами.
Солнца вспухает оранжевый гриб.
Воздух хватают чёрными ртами.
Чей это плач превращается в хрип?

Киса мяучит? Собаконька лает?
Ножками в люльке младенец сучит?
Родина слышит, родина знает…
Харьков пылает. Пепел стучит.

02.03.2022

■ ■ ■

Кромешный ужас, стыд и мука,
оцепенев от новостей,
из недобитого Фейсбука
смотреть в костёр своих костей,

где тело рухнуло, как зданье.
Спроси себя: ну чо, ссыкло,
твоё прозренье и терзанье
ну хоть кому-то помогло?

Пока ты, со стыда сгорая,
пристойный принимаешь вид,
пылают чьи-то хаты с краю
и площадь в городе горит.

Но, это пламя отражая,
в него глядят и те глаза,
которым плач и кровь чужая —
всё будет Божия роса.

04.03.2022

УРОКИ МУЖЕСТВА

РАЗГОВОР О ВАЖНОМ

Здрасьте, девочки! Здрасьте, ребята!
А сегодня мы поговорим
про солдат, ведь солдаты не спят, а
заслоняют собой Третий Рим.

Дорогие мои москвичи!
Да и вы, зарубежные гости!
Яко тать, кто крадётся в ночи?
Чьи белеют безвестные кости?

Ну-ка, это у нас кто такой?
Это кто тут такой с автоматом?
Кто приносит лишь мир и покой
вот таким же ребятам, девчатам?

Чтобы ночью им крепче спалось,
чтобы днём веселее кричалось,
чтобы неутолимая злость
чёрным пеплом в сердца не стучалась.

Каждый знает, что выйдет к доске,
потому что придётся ответить.
Пробил час. И песчинку в песке
невозможно уже не заметить.

Интересно, что скажут в процессе
разговора о зле и добре
Саша в Киеве, Боря в Одессе,
Ира в Харькове, Ваня в Днепре.

07.03.2022

■　■　■

Недоумеваете вы вот и
не всё ж понимаете вы ведь?
Какие ж из этого выводы?
За что на прощанье нам выпить?

За то, чтоб, не зная покоя,
герои, терпилы, святоши
не спрашивали: "Чо такое?
А нас… А меня-то за что же?.."

За тех, кто остался бояться?
За тех, кто боялись, но вышли?
За братьев? Да что ж это, братцы…
За что же вы всё это выжгли?!

И это высокое небо,
и это певучее слово?
За эту ебучую скрепу?
За то, чтобы встретиться снова:

и тем, кто глядели, как в воду,
и тем, кто сказал "не уеду"?
За вашу и нашу свободу?
За вашу и нашу победу?

За тех, кто не сдался без бою.
И за помертвевшие рожи,
что шепчут во сне: "Чо такое?
А нас… А меня-то за что же…?"

08.03.2022

■ ■ ■

Вроде стиранное… Непонятно…
И неважно — платок, носок…
Но откуда бурые пятна?
Вероятно, фруктовый сок…

Я ж замачивал всё в холодной.
Вероятно, не та вода.
Порошок, должно быть, негодный.
Маркировка ткани не та.

Эти пятна глядят, как очи.
Не пятно уже, а клеймо.
Пролежало в воде полночи,
думал, утром сойдёт само.

Не сошло, как ни тёр, не слезло,
и ползёт по моей руке.
И солёный привкус железа
в небе, в воздухе, на языке.

10.03.2022

■ ■ ■

На Крещатик, на Привоз ли… —
не мечтаю о таком,
ни в окрестностях, ни возле,
ни вполуха, ни глазком.

Центр Менора, площадь Рынок,
чох ли, сон ли, птичий грай,
просто перечень картинок,
так что вот и не мечтай.

Что-нибудь представь другое,
чем-нибудь займись иным:
над Москвою над рекою
стелется туман ли, дым…

Он ложится вкривь ли, вкось ли,
намекая нам на то,
что едва ли будет после
всё, что не случилось до.

В этом дыме ли, тумане,
в этой длящейся ночи
ты нащупай, как в кармане,
не пенсне или ключи,

а какую-нибудь малость,
зубочистку, чох ли, сон… —
то, что в нас ещё осталось
с тех, негрянувших времён,

где в детальной прорисовке
прочь из сердца гонит страх
чей-то взгляд на остановке,
чей-то оклик впопыхах…

13.03.2022

■   ■   ■

Нет-нет, сейчас не надо о политике,
ни слова о вине или беде,
ведь мы же не предатели, не нытики,
мы лучше — о вине и о еде.

Не будем о раскаяньи, о мщеньи,
о времени, судьбе и о себе.
Об импорто- давайте -замещеньи,
о наших профитролях и фламбе.

Зачем нам помнить города и сёла,
идеи эти пошлы и странны.
В полях заколосилась горгонзола,
и мюнстером пропахло полстраны.

Зачем нам знать, кто выстрелил из БУКа,
по чьей вине пошло всё вкривь и вкось,
ведь на тарелке млеет оссобуко
и так блестит распиленная кость.

Зачем в любой коряге видеть тело?
Заглядывать зачем под каждый куст,
когда вокруг такая страчателла, —
и хлеб горяч, и воздух прян и густ.

О стыд, не выжигай прозреньем взора!
О совесть, взгляд слезами не тумань!
Роскошны терруары Гай-Кодзора!
Крепка твоя лоза, Шато-Тамань!

И это ведь бесспорная удача,
какие тут творятся чудеса:
весь мир — тартар, а люди в нём — карпаччо,
родная кровяная колбаса.

Какие тут куски ещё дымятся,
и пар валит от чьей-то там ноги,
и всюду наше вяленое мясо
и ваши с потрохами пироги.

14.03.2022

■　■　■

Вот он сперва родился.
Как им отец гордился.
Как над ним мать тряслась.
Как же от тех пелёнок
до городов спалённых
мигом жизнь пронеслась.

Вот бы чуток удачи,
всё бы могло иначе
выпасть, случиться, быть,
так бы сложилось, чтобы
спорт, работа, учёба,
свадьба, семейный быт,

всё почти образцово,
на книжной полке Донцова,
рядом Федин с Золя,
ну и, куда деваться,
фотоальбом на двадцать
третье февраля.

Вот он такой с баяном,
вот он вернулся пьяным,
вот он к воде припал.
Вот он уже постарше.
Вот он уже на марше.
Вот он уже пропал.

Где ты сейчас? В потоке?
Кто там в твоём Tik-Toke?
Что ж ты, брат, ни гу-гу?
Вот он лежит, как ёжик,
ни головы, ни ножек,
дырочка в правом боку.

21.03.2022

■ ■ ■

Говорит Москва! Не верит Питер!
Радуются те, кто дождались.
Нынче отъебался наш кондитер!
Новая теперь начнётся жизнь!

Что случилось? Неужель объелся
всяких "Будапештов" или "Праг"?
В сущности, уже не важно, если
пепел — к пеплу, если к праху — прах.

А куда ж девалась его кодла,
поварята доблестные все?
Знать, и им попали не в то горло
все эти орехи и безе.

Говорят, что их попутал дьявол.
Ну допустим, даже если так,
но смотри, какой он нам оставил
апокалиптический бардак!

Невдомёк америкам-европам,
не поймёт нормальный человек,
чем, каким заляпано сиропом
всё, что не отмоется вовек;

как тут перепутан сахар с солью,
ванилин с лимонной кислотой…
Если ты растерян, то, позволь, я
дам тебе совет один простой.

Если посоветоваться не с кем,
как нам выходить из катакомб
(ну ведь ни с Толстым, ни с Достоевским,
с ними я не стал бы о таком б),

лучшее, что мы сейчас предложим,
чтобы каждый разбирался сам:
мусор — ветру, шарканье — прохожим,
крошки — птицам, лавочки — бомжам.

26.03.2022

■   ■   ■

Однажды эта дверь закроется,
и даже эта мгла рассеется,
а может, даже боль затянется,

и сердце биться успокоится,
и, значит, есть на что надеяться,
и, может, кто ещё подтянется.

Ты не оглядывайся, тут уж сам
попробуй не дрожащим голосом
поведать подоспевшим особям,

что всё закончится не ужасом,
каким-нибудь счастливым образом,
каким-нибудь нестрашным способом.

04.04.2022

■　■　■

В чистом поле вьётся дым отечества,
кухни или, скажем, крематория.
Это наблюдает человечество,
теле-, так сказать, -аудитория.

Кто там в чистом поле, те ли, эти ли,
зрения обман, погрешность оптики? —
говорят эксперты и свидетели,
спорят очевидцы и синоптики.

Фейки ваши кадры, ведь у вас они
наскоро подогнаны, неровно.
Разве так должны быть руки связаны?
Всё-то тут у вас инсцениро́вано!

Вы нас попрекаете ГУЛАГом.
Вам ли говорить о Кондопоге.
Вон у вас и ноготь с красным лаком.
Труп у вас садится на дороге.

Ваши фото казни показательной —
всюду снег, а дело было летом, —
мимо нас несутся по касательной,
попадают только рикошетом.

И какие к нам у вас предъявы?
В чём же оно, наше соучастье?
Мы же, так сказать, не ради славы!
Мы и так расколоты на части.

Эта часть — агенты и предатели,
эта часть — насильники-убийцы.
Остальные — просто наблюдатели,
так сказать, физические лица.

05.04.2022

■ ■ ■

Тост "За победу!"… Бывает.
Видимо, дело к обеду.
Кадочников выпивает
(пауза) "…За нашу победу!"

С носом в печёной картошке,
неотразимый мужчина,
Штирлиц, подвыпив немножко,
"Степь" затянул у камина.

Нужно ещё человека?
Бог, он ведь троицу любит.
Даль, оператор "Омега",
в точку морзянкою лупит.

Так что, спасибо артистам,
выйдя во двор днём погожим,
я был готов стать фашистом,
лишь бы на них быть похожим.

Эти Исаевы-Дали,
как на них форма сидела!
Как они зигу кидали, —
но ведь за правое дело!

Так что давай подытожим,
милый мой штандартенфюрер, —
ой, хорошо, ты не дожил,
ой, слава богу, ты умер, —

что нам осталось в наследство?
Что мы наделали, братцы!
Наше счастливое детство
нас попросило остаться?

Тост "За победу"? Не надо?
Это не наше сраженье?
Ну так налей за пощаду…
и за прощенье.

06.04.2022

■   ■   ■

"— Я прятаться готов в корнях травы.
На мне горит орущая кора.
В коре — траншеи, насыпи и рвы,
и в каждом рву — кровавая гора.

Одни сидят ни живы ни мертвы,
в других навылет выжжена дыра:
плач матери, сестры, жены, вдовы
под телевизионное «ура».

Ты чуешь эти полчища братвы,
ты слышишь это бульканье нутра?
Они опять обмётывают швы,
чтоб не текло со смертного одра.

Они рабы бессмысленной молвы
и прихвостни поганого пера…"

"— Они ж не ради бабок и жратвы!
Они ведь ради правды и добра!

Причины ведь у нас не таковы,
а следствия — и вовсе ни хера!
Не бойся сатаны и булавы,
не зная, доживёшь ли до утра.

Поэт, сними кастрюлю с головы,
давно тебе глаза открыть пора…"
....
И что ему ответить из Москвы,
когда он отвечает из Днепра?

01.05.2022

■ ■ ■

Зевнув и подойдя к окошку,
ты видишь с самого утра,
что день светлее стал немножко
и зеленее, чем вчера,

что ярче беглый блик на крыше,
и птичья трель в ветвях течёт,
но даже слыша, ты не слышишь,
не отдаёшь себе отчёт

в том, что всё то, что к свету рвётся,
всё, что цветёт и шелестит,
танцует на ветру и вьётся,
играет с тенью и блестит,

всё, что щебечет и кукует,
всё, что бликует напросвет,
не справедливости взыскует,
но о безвинных вопиет.

04.05.2022

■   ■   ■

Привычной развлечён тщетой,
нечаянным теплом согретый,
хочу очнуться я на той,
другой земле, но как бы этой.

Как будто я решил не сам,
по обстоятельств совпаденью,
и по нездешним небесам
чирикнул вдруг залётной тенью,

так чтобы выше надо мной,
где лишь воспоминаний пятна,
иная речь и смех иной
слышны отчётливо и внятно,

в придачу к страху и стыду,
поворотясь спиною к свету,
иную жизнь катать во рту,
ещё не ту, уже не эту.

06.05.2022

Филиппу Дзядко

Мне бы хоть на миг представить, мне хоть
пусть во сне пригрезилось бы, что
я вдруг променял, чтобы уехать,
тот драмтеатр — на это шапито.

Пусть глаза привыкнут к новым краскам,
ты ж пока ищи себе жильё
с этими шипящими, с "и кратким",
с этими, блядь, точками над ё.

Сам решай, с какого переляда,
выбирай — на запад, на восток, —
не почуешь где косого взгляда,
не услышишь вечный шепоток,

мол, это они от нас узнали
про Содом, Гоморру и Бедлам,
это мы им кровью написали,
шифром нашептали по углам.

Всех делов-то: Яндекс или Uber,
Талимжон иль, скажем, Ибрагим.
Кто на ком уехал, кто где умер,
кто остался прежним / стал другим…

Кто, перебеляя место встречи,
вышел под иные небеса,
от накрапыванья русской речи
чтоб уже не отводить глаза.

12.05.2022

■ ■ ■

Тут, куда ни зайди, разговоры:
про обиды и кто убиты.
А снаружи молчат заборы,
виноградом диким увиты.

Кто же их господин, кто царь их?
Из машины звучит Боб Дилан,
на участке сосед-косарик
у мангала, как поп с кадилом.

И дымок плывёт над участками,
и кукушка кукует снова,
приговорами сыплет частными,
не понять в которых ни слова.

Если все слова уже попраны,
можно только гадать, наверное,
обонятельно или тактильно,
что у них тут — Страстная, Вербное,
День Победы, крестины, похороны,
то ли баня, то ли коптильня?

Что у них тут, конец, начало?
То ли плачет кто, то ль смеётся.
Слышь, кукушка-то замолчала…
А дымок-то всё вьётся, вьётся…

17.05.2022

МАРШ — НАДЕЖДЕ

Марш — надежде, как рукав для козыря,
Шуберта туман, но не сиреневый,
стелется, ползёт по глади озера,
съёжился клочок её шагреневый.

Мы ж с тобой когда-то рука об руку,
мать забыть готовы и отца ведь,
мы отроковице или отроку
не такой бедлам могли оставить.

Миленькая, мы тебя обидели?
Ну чего прикидываться дохлою?
Ты в какойховаешься обители?
Что ж была такой дорога долгою?

Ночка — лунною, погода была вешнею,
от напора стали и огня
ты ж сама, как панночка поме́ршая,
облетала наши ебеня.

И поля вокруг не то чтоб Орковы,
в зеркале — не то чтобы Иуда,
да и руки мы — не то чтоб до крови,
только эта ржавчина откуда?

Или мы пошли не той дорогою
и теперь одним мы миром мазаны?
Нас тут увлекли такою йогою,
мы такие знаем мудры-асаны…

Мы такое над собою делали, —
встретившись, ты б даже нас не вспомнила.
Ты сама не этого хотела ли?
Ты б не брезговала, лучше б ты исполнила

то, о чём молчит иголка в кукле,
то, что фигой хороню в кармане я,
то, о чём мильон запросов в Гугле,
то, о чём молитвы и камлания,

маршевое что-нибудь, единое,
всеми узнаваемое, сто́ящее,
крайнее, как песня лебединая,
озеро… не знаю, — ну как что ещё…

18.05.2022

МАМА МЫЛА РАМУ

Ну так что тебе, новый букварь?
Мама с тряпкой маячит в окне.
Отчего это каждая тварь
так скукоживается в огне?

Новый дан тебе перечень слов,
ну а ты всё ни бе и ни ме.
Фиолетово-сер твой покров
и глаза белы, как в аниме.

Знают все, кто попали сюда:
у земли есть своя ФСО,
и теперь для неё навсегда —
это наша земля, это всё,

это всё, что ни в сказке сказать,
не украсят ни грим, ни перо.
Вот она какова, твоя стать,
значит, вот как ты мутишь добро!

Как сумела такою ты стать
или просто продолжила быть,
чего стоят, сумев показать,
твоя суть, твоя стать, твоя прыть!

Ты хотела победу ковать?
Научись лучше трупы ховать.
Вместе с ними ложись-ка в кровать
горе мыкать да век вековать.

Ну так что тебе, новый букварь?
Ну теперь хоть понятно, какой:
чтоб витала шашлычная гарь
красной нитью, бегущей строкой.

Потому что ты знаешь в душе,
отчего так красна эта нить.
Эти стёкла не вставить уже,
эту раму уже не отмыть.

21.05.2022

■ ■ ■

Не спрашивай, мясо ли, рыба ли,
какого числа они прибыли,

не важно, по морю ли, по суху,
но что-то уж придано воздуху,

подмешано к водам и почвам,
вода и земля — это то, в чём

лежать они будут навеки,
и кровь им чужая на веки,

а в Буче ли, Мариуполе
они уже были, но убыли,

сияя оскалом звериным,
потея кадаверином.

23.05.2022

■　■　■

Ты не знаешь, чей покров белей:
одуванчиков ли, тополей?

Ты послушай, чей протяжней вой
в причитаньях липы с крапивой.

Сам изведай, чей так плат пухов:
мать-и-мачехи иль лопухов?

Гроздья чьи, как шапка набекрень,
кто это — черёмуха, сирень?

Храбрецам на грудь хорош ли, плох,
кто он там, репей, чертополох?

Чьи там дочери да чьи же там сыны
под кустом рябины, бузины? —

ни увидеть, ни оплакать, ни обнять,
только слышать можно, чуять, обонять,

как ползёт за окоём через века
песня снити и борщевика.

29.05.2022

ВОЙ ВРАГА НАРОДА

Чекисты на допрос ведут урода.
— Пардон, я свой! — кричит он им, а сам-то
повадкой выдаёт врага народа,
предателя, шпиона, диверсанта.

Сперва он запирается: — Да чтоб я!..
Но через час его надежда тает,
и он недобро смотрит исподлобья,
и прядь со лба на глаз ему спадает.

И речь его всё ближе, ближе к вою.
Здесь цацкаться не станут с недобитком.
Вина его доказана с лихвою
и сущность изобличена с избытком.

— Прости, прощай… — он в мыслях шлёт Парижу,
склоняется повинной головою,
в бессильной злобе воет: — Ненавижу!
И следователь знак даёт конвою.

Враг куксится, когда его выводят.
Достойнее держаться мог бы, контра!
И через сорок лет до нас доходит
вся эта вот херня Госфильмофонда.

И я, красивый, двадцатидвухлетний,
застывши перед голубым экраном,
смотрю на этот вой его последний,
и в тот момент он кажется мне странным.

Воспоминание об этом вое живо,
особенно то к февралю, то к маю.
Ох, как же, мне казалось, всё фальшиво.
И как же с'час его я понимаю.

31.05.2022

■   ■   ■

Если лечь, то лучше на живот.
Вряд ли предсказать способны вы же ведь,
кто из нас кого переживёт,
если допустить, что кто-то выживет.

Если пасть, то лучше вниз лицом,
не наведывалась чтоб проститься
к тем, кто земляным укрыт листом,
заинтересованная птица.

Лучше им высматривать в земле,
различая в этом перегное,
в биоэлектрическом тепле
мелкое движение родное,

где всё больше шансов с каждым днём
у бактерий, у жучков, у травки,
для живых неведомым огнём
вносятся последние поправки.

Насыщай собою чернозём,
разложи себя, как на прилавке.
Твой объём уже берут внаём
чьи-то жвала, усики и лапки,

так что, растворяясь в их стряпне,
становясь для времени игрушкой,
обнаружь себя в трухлявом пне
изредка мерцающей гнилушкой.

08.06.2022

■   ■   ■

И главное, черёмуха кругом,
цветёт боярышник, сирень кипит кромешней,
а ты выходишь этому врагом,
не зная сам, ты — внутренний иль внешний.

Каштан свою показывает стать,
быкуя с ветерком разнорабочим.
Вот что б тебе с ним рядышком не стать,
глазея, как законченный бёрдвочер,

да-да, на птичек, только посмотри ж
на имена (откуда же я взял их?).
Ты молча жрёшь, как голубь или стриж,
а мог бы петь, как славка или зяблик.

Не можешь петь, так отправляйся спать.
Не можешь спать, так, вставши спозаранок,
открыв окно, отслеживай опять
каких-нибудь скворцов или зарянок.

Какая, глянь, на небе синева!
Тебя ж то бросит в пот, то снова зябко,
как будто ни мертва и ни жива
душа, словно у раковины тряпка.

Эй, тряпка, выжмись или соберись,
пройдись, где заскорузло и где липко!
И главное, вокруг такая жизнь,
что взгляд любой и каждая улыбка,

обрывок фразы, разговор простой,
наш общий морок в мареве и гуле
звучат так ярко, словно кислотой
средь бела дня в лицо тебе плеснули.

И как мне описать всю эту хрень
без мата, я вообще не представляю.
И, главное, такая, блядь, сирень!
Такой боярышник! Черёмуха такая!

09.06.2022

■　■　■

Мне б условиться с грядущим,
чтобы ведать однозначно:
в направленьи к райским кущам
в месте светлом, месте злачном,

под цветущим под каштаном
на правах восьмого чуда
всем придержаны места нам,
хоть ты Каин, хоть Иуда,
чтоб не слышать нам оттуда,

чтоб не ведать нам с тобою,
ветр ли носит, пёс ли брешет,
чей же здесь, за внешней тьмою
плач во тьме, зубовный скрежет.

И тот факт, что повезло нам,
в смысле, что не повезло им,
нас уже не беспокоит,
свернут ли уже рулоном
неба чёрный рубероид
или содран слой за слоем.

12.06.2022

■ ■ ■

Если ты ещё не склеен ластами,
если ты способен двигать булками,
утро начинай своё подкастами,
вечер отмеряй в стакане бульками.

Если уж совсем тебе мучительно,
что-нибудь переведи PayPal'ом,
представляя, скольким сразу жителям
много легче станет по подвалам.

Коль не в силах дать им паспорт Нансена
или отмолить их, как Матрона,
можешь поучаствовать финансово,
поддержав приобретенье дрона.

Проспонсируй костяное крошево,
пролоббируй кровяное месиво,
заработай звание "хорошего",
чтоб с тобой зарыли вместе здесь его.

Что уж лезть из кожи вон и пыжиться,
что уж по ночам не спать и каяться.
Ничего с тебя уже не спишется,
словно не тебе теперь икается,

будто среди ужаса кромешного
не тебе всё чудится и кажется,
как в земле неравно перемешаны
добровольцы, беженцы и саженцы.

18.06.2022

■ ■ ■

— Где ж логика, скажи? — Где ж правота?..
— Ты, брат, не Моцарт! — Ты зато — Сальери!
И вот мы спорим с пеною у рта,
готовые судить по высшей мере.

А чья уж там позиция верней,
кто видит чётко, попадает метко,
об этом знает только муравей,
личинки мух, случайная медведка,

а также те, которые в земле
не слышат ни Сальери, ни Моцарта,
чья логика осталась в феврале,
а правота не дожила до марта.

24.06.2022

ИОСИФ ИСИХАСТ

Не осуждай, коль над державой
её правитель и отец —
властитель грешный, злой, лукавый,
болтливый, вор, блудник и лжец.

Он тоже кончится, как климат.
Ты понапрасну не рыдай
над теми, сраму кто не имут,
но неимущим сострадай.

Скажи себе: бежал от зла я?
Вот и его судьба лиха.
И не осудишь, это зная,
даже и смертного греха.

И наблюдая за системой
законов, принципов, планет,
ты сразу говоришь: Христе мой,
в ком благодати Твоей нет,

тот согрешает. Только в Сыне ж
и он ведь мог бы быть спасён.
И если Ты меня покинешь,
я хуже сделаю, чем он.

Он — нищ, так дай ему богатство.
Он — слеп, так дай ему глаза.
А пастуху под стать и паства.
И да, "хоть бы одна слеза…"

25.06.2022

■ ■ ■

Всё, климат кончился, теперь
дождливый, солнечный иль снежный,
на берег вышедший, как зверь,
стоит один февраль кромешный.

И это всё благодаря
тому, что мы стоим с ним рядом, —
кто там с начала января,
кто с середины декабря там…

И всё, что предрекали нам
отцы, пророки и кликуши,
свершается, что твой Бирнам,
в воде, на небе и на суше.

Но тот, кто после нас рождён,
кому лишь предстоит родиться,
под этим вырастет дождём,
под этим солнцем оперится,

чтоб дней связующую нить
перекусив себе со смехом,
ни вас, ни нас не различить
под этим снегом, этим мехом.

09.07.2022

РЖАВАЯ ВОДА

Какое ж лето без такой беды!
Не то чтоб я устраивал вам сцену.
Недели две горячей нет воды,
и мы уже готовы лезть на стену.

Но вот в тот день, когда её дадут,
ты шутишь, мол, что ты согрет державой,
встаёшь под душ, включаешь, и вот тут
водой тебя окатывает ржавой.

И вот, себя не узнавая сам,
стоишь, как Блэйд или как Сиси Спейсек,
а ржавчина бежит по волосам,
без разницы — на яйцах ли, на пейсах.

А может быть, острижен ты под ноль,
твой взгляд уверен, а лобок твой выбрит,
но только сам себе не канифоль
мозги, себя уверив, что ты — Зигфрид.

Ты сам не знаешь, из каких глубин,
из чьих подвалов, из чьего сарая
струится на тебя гемоглобин
всё это время, не переставая.

Ты не узнаешь, из чьего тепла
под звук трубы, как сквозь нору кротовью,
"вода, вода, вода, вода текла",
с невинной перемешиваясь кровью.

И что сказать мне тем, кого здесь нет?
Как мы горюем? Как о них мы тужим?
И где я был все эти восемь лет?
Стоял под душем. Я стоял под душем.

10.07.2022

Вот небесный океан,
он же — бездна голубая,
чем-то сверху осиян,
чем-то высвечена с краю.

Раньше, лёжа на пляжу,
в небеса смотрел я прямо,
а теперь я в них гляжу,
как в могилу или яму.

Там, в плену кромешной зги,
перисты и клочковаты,
как воздушные мозги,
как куски кровавой ваты,

проплывают облака,
унося с собой убитых,
не давая мне пока
видеть завтрашний убыток.

Если сна меня лишат
тени смертные долины,
где вокруг одни лежат
оковалки красной глины,

что тогда я запою,
где сыщу я жезл и посох,
в чьей стране, в каком краю
окажусь я, знает пёс их,

тот, что чует свет свечей
человеческого воска
бесконечных ильичей
терракотового войска.

12.07.2022

■ ■ ■

Хоть филистер ты, хоть активист,
обладатель любой из личин,
тебе внятен лишь собственный свист,
только собственный треск различим.

Мы почти что не удивлены
снегирю коллективной вины,
знать нахохлимся скоро и мы
в приближении новой зимы.

После долгих снегов немоты
и пристрастия к радужным снам
вновь затянем "эх, я…" и "эх, ты…",
"— как ты сам-то?", "— а ты-то как сам?"

Мы никак не подыщем слова,
под бельём-под ребром-подберём
для… ну, этой…, что, вроде, жива
тропарём, хоть и с нетопырём.

Всё щебечем "чья я?.." и "чья ты?..",
не вникая, кто чей и кто чья,
за кого теперь стон высоты,
ропот ветра и лепет ручья?

09.08.2022

■   ■   ■

Сколько б ни тянулось всё, что тянется,
сколько бы ни множились гробы,
что-нибудь в итоге да останется,
обойдясь без лиры и трубы, —

что-нибудь, уже скромней масштабами,
что-нибудь, ландшафтами ровней,
с эха отголосками, но слабыми,
повторяющими "…мно-го в ней…",

что-нибудь живучее, — мы сами,
дружно встав в кильватер кораблю,
в белом, вслед за белыми мышами,
незаметно движемся к нулю.

Господи, на Save ли, на Backup ли,
кто нажмёт одной из наших рук,
чтоб однажды в уцелевшей капле
вновь увидел новый Левенгук

наше мельтешение, снование,
нашу жажду света и тепла,
если нас не срыть до основания,
не сровнять с землёй, не сжечь дотла.

22.08.2022

■　■　■

С этих территорий — глянь на навигатор —
только в крематорий и в рефрижератор.
Лучше б стали пеплом, а теперь вот таем
сероватым телом пополам с минтаем.
Вероятно, споры кончатся не скоро.
Что же с нами будет? Кто же нас рассудит?
Среди наших грядок будет ли порядок?
Заучите фразу: будет, но не сразу.
Было нам не тяжко б плыть к своим победам.
Главное, не так, чтоб пожалеть об этом.
Говорю, не сразу будет всё другое:
кто придёт без глаза, кто с одной рукою.
Фоточку запости, в кулаке косынка.
По небесной почте сын глядит из цинка.
Кто всплакнёт немножко, кто уж не заплачет,
кто на одной ножке восвояси скачет.
Сам издалека я, жизнь моя лихая!
Мама дорогая! Рыба дорогая!

02.09.2022

С виду хоть набыченные рядом с военкомами,
люди-то обычные, в сущности, знакомые.
В сущности, знакомые лица угреватые.
Знают участковые, чем они чреватые.

Шутки подростковые, уши розоватые,
во хмелю рисковые, так-то трусоватые.
Мы же с вами шпрехали за одними партами.
Мы же с вами ехали теми же плацкартами,

с Петями да с Васями, с криками да охами,
шутки с аусвайсами, шнеллер с хенде хохами.
Ты, давай, без паники. Вам ще так подякують.
Что же подстаканники так тоскливо звякают!

Перелески тянутся, дребезжат бутылки.
В памяти останутся бритые затылки.
Что ж вы там забыли, в этой Украине?
Вас не всех убили, но для всех отныне

нет чернее моря, нет чужее неба
от людского горя и Господня гнева.

03.09.2022

■　　■　　■

Движется объект с улыбкой мальчика,
с мозгом гусеницы, с сердцем старика,
что-то там мурлычет про шарманщика,
что-то там бухтит про ямщика.

В сердце у него такое копится,
что по ходу лучше и не жить.
Движется объект, но не торопится,
потому что некуда спешить.

Миг — и затеряется меж нами,
будет с каждым до скончанья дней
старым сердцем, мягкими мозгами,
детскою улыбкою своей.

Волонтер, контрактник, бомж ли, пьяница?
Силуэт скрывается во мгле,
но, как в песне, след кровавый тянется
по сырой траве, чужой земле…

11.10.2022

■　■　■

И вот когда настанет свой черёд,
услышав тьмы привет, не отвечать ей "здрасьте",
поговори со мной, как с ботом бот,
без паники, без гнева и пристрастий.

Пойди пойми, чьи ниже небеса,
чей ближе горизонт, чей окоём скуднее,
на чьи останки чья падёт слеза,
и кто ещё пойдёт за нею?

Или давай молчать, как прах и твердь,
без страха, как неведенье и опыт,
как жизнь и жизнь, о том, кто нынче смерть,
кто — колесо и кость, кто — кровь и обод.

15.10.2022

■　■　■

Так что, девочки и мальчики,
прогуляв уроков тьму,
понял вдруг, что математики
никогда я не пойму.

Пятый класс. Какая алгебра?!
Солнцем залило Москву.
Для чего нужны салаге, бро,
эти мудрости в мозгу?

Этих буковок сношения,
этих скобочек рядно,
скорби мира умножение
и деленье заодно.

Но когда внезапно двинутся
символы на брата брат,
эти косинусы-синусы,
a^2 на b^2,

что гадать нам, синус, косинус?
То ли плоскость, то ли ось?
Просто всё, что было, кончилось.
Всё, что будет, началось.

16.10.2022

■ ■ ■

Нынче смерть костлявым дактилем
постучится в каждый дом:
— Как живётся вам, предателям!
Я ваш новый военком.

Я от имени уехавших,
у кого в боку дыра,
забираю ваших детушек.
Одвухсотиться пора!

Обхожу свои владения,
где лишь вам благодаря
заведения питейные
множатся для Упыря.

Дорогой мой Ваня, Ванечка,
ты аорты не жалей!
Наливай же, наливай ещё!
И ещё, давай, налей!

Что ни день сидишь ты — губы в щи,
что ни ночь — в салат лицом.
А тебя по воле убывших
назначают мертвецом.

Сгинешь ты на том побоище
с остальными наравне.
И не представляешь, кто ещё
к твоей мамке да жене,

постучав нестройным дактилем,
подбирается тайком
одноруким председателем,
ласковым кладовщиком.

17.10.2022

■ ■ ■

Право слово, рад бы вас порадовать,
ну, ей-богу, чем бы вас утешить.
Скоро ведь уже отчёт пора давать,
ну а мы всё те же, вы — всё те ж ведь.

Нам уже давно взглянуть окрест пора,
как нам удалось обезобразиться:
в сути миротворца и агрессора
не такая ведь большая разница.

Главное не в том, что зло обыденно,
и не в том, что ложно чувство долга, но
важно, как чужая смерть увидена,
чем оправдана; кем ваша жизнь оболгана.

И покуда сеть времён не выбрана,
и пока себе живыми кажемся,
лучше бы понять, что с мясом вырвано
до того, как снова мы окажемся

в месте, где…. — светло, покойно, злачно? —
(врать не буду, утешать не стану)
где ещё не всё так однозначно,
где пока что всё идёт по плану.

09.11.2022

■   ■   ■

Это что это за здание,
это что это за улица?
Что за тени и создания
вкруг него снуют, кучкуются?

Огоньков недобрых кружево.
Быт лачужный. Гомон лавочный.
Подпирая мир простуженный,
подоспел порядок явочный.

И его повестка строгая
улыбается мне слабо, но,
словно яма оркестровая,
утро тёмное расхлябано.

Обещание нарушено
всеми, кто допёр, про что ж оно.
Наблюдение наружное
не за каждым ли продолжено?

Где б ты ни был, в центре, в Сити ли,
или в ебенях на выселках,
всюду Храм Христа Спасителя
над твоей дорожкой высился:

отблеск золота сусального,
песня мрамора и меди,
исповедь козла опального
об упущенной победе.

В чём бы ни был: в цинке, в дереве,
в той воронке ли, в канаве ли,
в эти хляби, в эти дебри ли
ведь не мы тебя отправили.

Так что, спите, добры молодцы,
снами чокаясь своими.
Смерть за вас во храме молится
Воскресения во имя.

Изумление на лицах
всё отчетливей да набожней.
Голубиный глаз круглится.
Оживает Дом на набережной.

13.11.2022

■ ■ ■

Перспективы тут у нас не ах,
и прогнозы, в целом, мрачноваты.
гардероб смирительных рубах,
комнаты из войлока и ваты.

Так что, хоть кричи, хоть не кричи,
хоть убейся головой об стену,
не услышат даже кирпичи
речь твою, бессвязну и обсценну.

Не поймёт её и тот, кто сам
эдаким Овидием-На-Зоне
не к своим привязан поясам,
не в своём звучит диапазоне.

А про тех, кто глухи ко всему,
что им будет сказано по-русски,
всё тебе понятно самому:
в каждом слове кровяные сгустки.

Так что для сынов и дочерей
я полезен окажусь навряд ли.
Не скажу про дождевых червей,
но бомжи — упитанней, нарядней.

Лик народа светел, взор лучист,
и никто ничуть не удивится,
если вдруг один рецидивист
сможет повторить рецидивиста.

Мой товарищ, ты уже большой,
не веди пустые разговоры.
Что тут остаётся за душой?
Всё ещё бескрайние просторы?

Эту широту, размах, объём,
это небо серое, стальное
мы ещё расколём, разобьём, —
чтобы не сказать про остальное.

А всё то, чему уже не быть
ни углом, ни стороной, ни краем,
нужно постараться разлюбить
прежде, чем всё это потеряем.

18.11.2022

■ ■ ■

Допустим, у тебя системный сбой,
представь, что ты живёшь, готовясь к бою,
но эти четверо, они всегда с тобой,
готовые прикрыть тебя собою.

Системный сбой, во-первых; во-вторых,
пердимонокль функций когнитивных,
но ты держись за этих четверых,
примерь-ка их, обуйся в них, иди в них

средь прочих душегубов и дурёх,
уже ничуть от них неотличимый,
рассчитывай на этих четырёх,
их узнавая под любой личиной.

Отныне лишь они тебя спасут,
лишь ими исцелятся твои раны,
они — твой Апокалипсис карманный
и твой дистанционный Страшный суд.

На морде шрам и варедь на ребре,
дыра в ладони и сустава вывих.
Пока они сидят с тобой в тепле,
взгляни на них, узнай и назови их:

то синей жилкой бьются у виска,
то исподволь заглядывают в глазки
дневная оторопь, полночная тоска,
испанский стыд и ужас арзамасский.

22.11.2022

■   ■   ■

Не каждый раз, но иногда бывает.
В каком-то смысле, это идеал.
Все гомонят, все всех перебивают.
Но чтоб вот так никто не услыхал

твою, уже четвёртую, попытку —
мол, я — один из вас, один из них, —
пристать к многоголосому избытку,
сказать… но тщетно, ни один не вник.

Тебя не слышит ни жена, ни тёща,
ни сват, ни брат, а ты всё ждёшь и ждёшь,
проходишь тенью сквозь людскую толщу,
сквозь дивный этот гомон и бубнёж.

В каком-то смысле, это тренировка,
чтоб после, ставши тенью средь теней,
себя почти не чувствовать неловко,
чтоб этим всем не мучиться сильней,

когда в чужом молчании великом,
в каком-нибудь пространстве нежилом
на чьей-то рюмочке покажешься ты бликом,
кружа и зависая над столом.

Через мгновенье гомон вспыхнет снова;
уже не запинаясь, не скрипя,
ты им не скажешь ничего такого.
Они и так не слушают тебя.

26.11.2022

ОЧЕНЬ СТРАШНОЕ КИНО

Раньше жили хорошо, просто замечательно,
мы смотрели хоррор-шоу, дорогой читатель, но
нас все эти прелести акульи, вурдалаковы,
что "Дракула", что "Челюсти", смешили одинаково.

Мы — ребята с ЗИЛа, с дедами-отцами!
Что нам твой "Годзилла" с "Живыми мертвецами"!
А мы — с АвтоВАЗа, так что, братцы, — шухер!
Под своими вязами прячься, Фредди Крюгер!
Тут у нас любой таксист дружбу водит с Вием!
У меня брат, мож'т, экзорцист! Я щас мозг вам выем!

Мы вообще не зарекались от сумы да от тюрьмы.
В чём же был наш "полный алес", и чего ж боялись мы?

Борова багрового в форме участкового,
чей был взгляд так томен, чисто третий "Омен";
ухищрений беса в закутках собеса;
нагнетаний страха а́гентом соцстраха;
шкафа с похоронными; продавца с талонами;
военкома лапищи; могильщиков на кладбище;
слова потаённого от врача районного;
и дурного глаза дворника Малхаза,
верного служителя ЖЭКа-потрошителя;
и, особо выделю, страх был к вытрезвителю.

А ребёнок Розмари уже маялся внутри.
Но его вначале мы не замечали.

01.12.2022

■　■　■

Солнце всходит и заходит,
сей же час, на те же грабли
кто наступит — орк ли, хоббит,
бог ли, царь ли, червь ли, раб ли?
В ком какой нажмётся клавиш,
в ком какой очнётся фетиш,
сам наверное не знаешь.
С ходу не всегда ответишь,

на закате, на восходе,
в середине ли, в начале,
где, в каком мы эпизоде?
Кто мы в этом сериале?

То ли мы — братва на нервах,
и тела ховаем в ледник;
грохнут нас в одном из первых,
вас — в каком-то из последних.

То ли мы — пацан с повесткой,
то ли мы — отец солдата.
С вашей правдой вязкой, веской
уезжаючи до хаты,

уезжаючи до дому,
но не своего, чужого,
не обучены такому
и не ведая такого,

что не быть уж нам отныне
ни богатым, ни здоровым,
и остаться в Украине
под земным её покровом.

А душе, застрявшей в теле,
в тяжкой глине, в вязком иле,
как и нам, застрявшим в теле-…
этой, так сказать, могиле,

так сказать, в комфорта зоне,
знать захочется едва ли,
что там в следующем сезоне,
в этом вашем сериале.

04.12.2022

◼   ◼   ◼

Ну хорошо, запостишь в сторис,
воспримут как благую весть
о том, что ты, не подготовясь,
как будто умер, но не весь.

Но для кого? Для тех, для этих?
С какой ты стороны дверей?
Узнай себя — в отцах ли, детях,
сыгравши в дочек-матерей.

Молчащие средь говорящих,
вопящие среди глухих,
неровен час, сыграем в ящик,
костеприимный и для них,

всех тех, с кем мы предполагали
и петь, и плакать, и любить.
Они нам или мы им лгали?
Кому кого пора забыть?

Не стук колёс, не скрип полозьев,
грохочет гусеничный трак.
И доморощенный философ,
и независимый дурак,

и сын отечества примерный,
и вечно молодой пиит
какой-то ужас суеверный
нутром тогда лишь ощутит,

когда вослед пирам и ласкам,
пустой и лживой болтовне,
нас всех накроет этим лязгом —
в чужом краю, в родной стране.

И так для тех и этих, то есть
для вас и нас, какие есть:
уехать — небольшая доблесть,
остаться — небольшая честь.

08.12.2022

■ ■ ■

Мой друг неведомый, прости.
Не спрашивай меня, уже ли
совсем всё было не спасти?
Я не сумел. Мы не сумели.

Кто занят был заточкой ляс,
кто вовремя всплакнул и смылся,
кто с дьяволом пустился в пляс,
завидя в этом проблеск смысла.

Ещё до всяких СВО
кого из нас тут волновало,
что дышащее большинство
молчание обуревало?

Казалось, каждый был не трус.
Мы ничего не знали, кроме
свободы, призрачной на вкус.
Сгущался в небе запах крови.

Сперва дерзали мы роптать,
потом топтались на Манежной,
но тихой сапой вор и тать
привёл весь этот ад кромешный.

Ты спрашиваешь, где ж тут ад?
Идёт корабль, собака ласт.
За столиками все сидят,
и на бульварах все гуляют.

Весь мир построен на костях.
Когда что было в нём иначе?
Что ль, не смеяться нам в гостях?
Не привозить пионы с дачи?

Жизнь распускается сама
и не кончается, наверно.
В Москве гуляет шаурма,
гуляет в Питере шаверма.

Плывёт дымок от шашлыка…
Слыхать из каждого девайса,
кому насколько жизнь легка.
Ну, ладно, всё, не издевайся.

Страницы эти пролистав,
представь себе нас, бренных, грешных —
бессильем траченный состав —
в пельменных или чебуречных,

в хинкальных или чайханах,
кто в "Зюзино", кто в "Зинзивере",
залить стремящихся свой страх,
чтоб залпом укрепиться в вере;

и что для нас спасенья нет,
и нет прощенья нам на свете;
и что прощальный наш рассвет
забудут завтрашние дети.

А за испанский этот стыд,
страны проваленный экзамен,
не извиняйся, бог простит…
…in hora mortis nostrae. Amen.

13.12.2022

Не в эту ли землю нам выпадет лечь,
которой — что рай, что затомис?
Давай же прощаться до будущих встреч,
подземный сосед-незнакомец.
Конечно, мы оба с тобой ни при чём
и этой судьбы не хотим, но
придётся, к плечу прижимаясь плечом,
лежать как попало интимно.

Какого тебе не хватало рожна?
Каких ещё маршальских жезлов?
И помощь твоя никому не нужна.
Ты можешь помочь, лишь исчезнув.

Пока там крушили бетон и металл,
то свет вырубали, то воду,
я сам в это время о чём бормотал,
питая надежды дремоту?

Лелея стыда потаённый укол,
я ждал, вот пойдут инвалиды,
тогда и начнётся… Какой, блядь, раскол?!
Какие такие элиты?!

Так, стало быть, каждый теченьем ведом
и с общим сливается руслом,
покуда идёт всё своим чередом,
от крови чужой заскорузлым.

Приходит черёд в каждый дом, в каждый двор,
тогда вот и спросишь "доколе".
Уже сформулирован наш приговор,
и строчки бегут в протоколе.

Ну, что, если кто-то готов отвечать, —
доверимся ветру и лаю…?
Гляди, на челе проступает печать.
Не смоешь… Да я не смываю.

Выходит, по-своему каждый клеймён,
и, значит, о каждом слова есть.
Давай же прощаться до лучших времён,
до будущих встреч расставаясь…

22.12.2022

■ ■ ■

С неба льётся кислота и щёлочь,
под ногами — солевой раствор.
Здравствуй, сволота! Да здравствуй, сволочь!
Продолжайте ваш извечный спор.

С царством, типом, классом и отрядом,
каждое семейство, вид и род
раньше б в поле срать не сели рядом,
а теперь, гляди, один народ.

Трудно не узнать по вашим рожам,
на какую вами поднят высь
поединок лучшего с хорошим,
спор меж "пиздецом" и "заебись".

Этой самой лексикой обсценной
я вам говорю про ту среду,
вместе с кем не то что там со сцены,
но с ума и со свету сойду,

чтоб потом в могиле с понтом братской,
свозь сплетенье как бы рук и ног,
вечность кряду слушать этот блядский
шепоток, поток, бобок, клубок.

Но не встану в строй прямоходящих,
если и расслышу голоса
тех, чьи лица, как почтовый ящик,
для кого как мужества образчик
лишь тираннозавровы глаза.

27.12.2022

■　■　■

Ну что ж, попробуем, за русским кораблём,
без разницы, "Москвой" или "Варягом",
и сколько там под килем / под килём,
и под каким всё это флагом,

под соусом каким, под взглядом чьим,
под шурк секундомера, бой курантов,
о чём мычим, когда уже домчим,
в числе каких очнёмся фигурантов,

какого дела, по какой статье,
каких-таких неписаных законов.
Обещанное инобытие —
вот золото от здешних лепреконов.

Ну так давай, уходим в толщу вод,
отверзнем жабры тайного дыханья,
чтоб снова на смерть, а не на живот
мутили ил нептуновы декхане.

Ты глух, тебе не страшен плач в тиши.
Ты слеп, но ты не бойся, ты увидишь —
дыхание чуть дольше задержи, —
какой такой тебе обещан Китеж,

сквозь мглу беспамятства белеющий костьми.
Поздняк метаться: а оно мне надо?
На память лучше что-нибудь возьми
ты в этот замогильный Эльдорадо,

в котором примут всех до одного —
всего дороже — новобранца остов, —
любой предмет, любое вещество
из ядовитых, взрывчатых и острых.

Когда наш якорь чирканёт о дно,
а кровь забудет, как вскипать от всплытий,
последний бросим взгляд через окно
возможностей на горизонт событий.

Иллюминатор — чёрная дыра,
и не с кого спросить, какого хрена
последние скрылись во мгле буфера,
прощальная смолкла сирена.

12.01.2023

■   ■   ■

Я заклинаю вас всех: вы и те,
с кем вы по собственной воле,
не замечая, не чувствуете
ужаса, срама и боли,

знайте, что детушек взявши с собой,
со стариками своими,
сами ведёте вы их на убой
этой трясины во имя.

Вас бесполезно предостерегать,
мол, я и слышу, и вижу,
как завлекает вас родина-гать
жрать свою чёрную жижу,

дескать, пытайся, стремись, норови
в наши ворота ли, в их ли,
только отдай этот пас на крови
так, чтоб другие привыкли.

Чтобы привыкли вы все и к тому,
каждый, кто смотрит и видит:
поезд метро удалился во тьму,
но из тоннеля не выйдет;

или что вдруг раздадутся не в такт
взрывы во время концерта;
и что один телефонный контакт —
гибель торгового центра;

и не тиран, не маньяк, не злодей,
нужен простой беспилотник,
чтоб превратить сотню спящих людей
в стайку созданий бесплотных.

Всем вам придётся привыкнуть и мне:
нас это будет касаться,
так, под завалами, в этой стране
сможет любой оказаться.

В той безысходности, в той темноте,
в ужасе гибнущей плоти
что-нибудь, может, п о ч у в с т в у е т е ,
может, хоть что-то поймёте.

17.01.2023

Алфавитный указатель стихотворений

Божия коровка, чья на тебе кровка?.. 19

Вам какая нужна интонация?.. 36

В каком-то смысле лучше в сорок два… 44

Вой врага народа (Чекисты на допрос ведут урода…) 80

Вот небесный океан… 89

Вот он сперва родился… 65

Вроде стиранное… Непонятно… 62

Всё, климат кончился, теперь… 87

Всё происходит одновременно… 58

Встаёт страна огромная… (Кому война) 30

В чистом поле вьётся дым отечества… 68

Где ж логика, скажи? — Где ж правота?.. 85

Говорит Москва! Не верит Питер!.. 66

Давай условимся: пока… 57

Движется объект с улыбкой мальчика… 94

Добрый день, страна!.. 40

Допустим, у тебя системный сбой… 103

Если лечь, то лучше на живот… 81

Если ты ещё не склеен ластами… 84

Здрасьте, девочки! Здрасьте, ребята!.. (Уроки мужества) 60

Зевнув и подойдя к окошку… 71

И вот когда настанет свой черёд… 95

И главное, черёмуха кругом… 82

Идя вглубь метрополитена… 23

Иосиф Исихаст *(Не осуждай, коль над державой…)* 86

Какое ж лето без такой беды!.. (Ржавая вода) 88

Калика перехожий… 46

Когда в день Страшного суда… 13

Когда в свой срок придётся людям… 53

Кому война *(Встаёт страна огромная…)* 30

Кромешный ужас, стыд и мука… 59

Лёля считает, что Алик во всём виноват… (9/11) 24

Мама мыла раму *(Ну так что тебе, новый букварь?..)* 77

Марш — надежде 75

Мне б условиться с грядущим… 83

Мне бы хоть на миг представить, мне хоть… 73

Мне поможет язык аллегорий… 52

Можно ехать, замышляя… 14

Мой друг неведомый, прости… 109

На Крещатик, на Привоз ли… 63

Не в эту ли землю нам выпадет лечь… 111

Недоумеваете вы вот и… 61

Не каждый раз, но иногда бывает… 104

Не нужно твоих рецитаций… 55

Не осуждай, коль над державой… (Иосиф Исихаст) 86

Не привык и не отвык… 18

Не пропойцей, не бродягой… 32

Не спрашивай, мясо ли, рыба ли… 78

Нет-нет, сейчас не надо о политике… 64

Не то чтоб я был самым смелым… 45

Ну так что тебе, новый букварь?.. (Мама мыла раму) 77

Ну хорошо, запостишь в сторис… 108

Ну что ж, попробуем, за русским кораблём… 114

Нынче смерть костлявым дактилем… 97

Объявленье для ссученных… 16

Однажды эта дверь закроется… 67

Они нарочно бьют мне по нервам… (Чокнутая в М6) 38

Очень страшное кино *(Раньше жили хорошо…)* 105

Перспективы тут у нас не ах… 101

Пока Святого Валентина… 56

Право слово, рад бы вас порадовать… 98

Представляешь себе этот зальчик?.. (ТЦ "Зимняя вишня")   29

Привычной развлечён тщетой…   72

Пробовать не стану. Сами пробуйте… (Просить сказать)   39

Просить сказать *(Пробовать не стану. Сами пробуйте…)*   39

Раньше жили хорошо… (Очень страшное кино)   105

Ржавая вода *(Какое ж лето без такой беды!..)*   88

Свидетелями — Глухов мне и Льгов…   34

С виду хоть набыченные рядом с военкомами…   93

Седобородый, статный человек…   26

сижу на жопе ровно я…   41

Символ веры *(Это знаете, как бывает…)*   17

Сколько б ни тянулось всё, что тянется…   91

С неба льётся кислота и щёлочь…   113

Солнце всходит и заходит…   106

С этих территорий — глянь на навигатор…   92

Так что, девочки и мальчики…   96

То они у Курского кучкуются…   28

Тост "За победу!"… Бывает…   69

Тут, куда ни зайди, разговоры…   74

ТЦ "Зимняя вишня" *(Представляешь себе этот зальчик?..)*   29

Ты не знаешь, чей покров белей…   79

Уроки мужества *(Здрасьте, девочки! Здрасьте, ребята!..)*   60

Хоть филистер ты, хоть активист…   90

Целый год солдат не видал родни…   11

Чекисты на допрос ведут урода… (Вой врага народа)   80

Чем дольше живу я в России…   20

Чокнутая в М6 *(Они нарочно бьют мне по нервам…)*   38

Что вы хмуритесь, братья-товарищи…   51

Шеренги неприкосновенных…   43

Это знаете, как бывает… (Символ веры)   17

Это что это за здание…   99

Я заклинаю вас всех: вы и те…   116

я и тогда не смог и теперь не готов…   37

"— Я прятаться готов в корнях травы…"   70

Я этого больше не вынесу…   42

9/11 *(Лёля считает, что Алик во всём виноват…)*   24